오방색 매듭

홍성숙 제6시집
밤색 매듭

초판 1쇄 인쇄 | 2021년 10월 24일
초판 1쇄 발행 | 2021년 10월 29일

지은이 | 홍 성 숙
발행인 | 김 영 만
주 간 | 이 현 실

발행처 | 도서출판 지성의샘
출판등록 | 2011. 6. 8. 제301-2011-098호
주 소 | 서울시 중구 을지로 14길 16-11
전 화 | 02-2285-2734, 2285-0711
팩 스 | 02-338-2722

정가 20,000원
ISBN 979-11-6391-038-1

*파본 및 잘못된 책은 서점에서 교환해 드립니다.
*잘못된 책은 서점에서 교환해 드립니다.

오방색 매듭

홍성숙 제6시집

지성의샘

6집을 펴내며

오방색

그것은 사랑이다

이것은 삶이다

저것은 진실이다

어제를 살아왔고
오늘을 이기고 있는
내일을 살아 낼

그리하여
매혹적인 전통이다

지극히 모험적인 시집임은 틀림없다.
그것이 곧 지아식으로 풀어가는 삶의 형태다.
젊은 시인이 가진 생각을 서툰 도전으로 드러낸다고 해서 크게 혼날 일은 아닐 것이다.
우리 모두는 오방색 즉 빨강 파랑 노랑 하양 검정의 색을 중심으로 살아나간다. 그 속에 하늘과 땅 그리고 사람이 있어 삼태극을 이룬다.

이를 토대로 우리옷이 지닌 매력을 발휘하고 싶은 욕심을 이해한 것은 참 행복한 일이다. 사상이나 이론을 의논하고 싶지는 않다.
　이 시집이 쑥스러움을 무릅쓰고 세상 밖으로 나오기까지 애써 주신 취혼 김정아 한복디자이너와 심륜 여재규 사진작가께 진심으로 고마움을 전한다.
　또한 오방색 중 파란색 태극한복을 입고 찍으신 한 컷을 서슴없이 보내주신 민지유 모델과 라이트페인팅을 연출해 주신 황금박쥐 이동철 님께도 온 마음을 다해 박수를 보낸다.

　〈오방색매듭〉은 한낱 시작일 뿐이며 확신하건대 우리 옷의 계보에 또 하나의 복선이 될 것이다.

　덧살이지만 시집에 실린 시와 사진은 별개임을 밝힌다.

　익숙지 않은 한복에 관한 용어를 소개하고 싶고 추억삼아 찍어둔 사진들을 모아 잘 살아온 나에게 선물하고 싶었다.
　그리하여 이 기쁨이 누군가의 삶에 웃음과 힘이 되길 바랄 뿐이다.

CONTENTS

6집을 펴내며—오방색 4

마음의 창窓 10
태양의 신 12
분홍물고기 14
붉은 가시 16
푸른 우물 18
고독한 자유 20
무드셀라 증후군 22
푸른 그림자 24
쉿 26
조약돌 28
바람을 읽는 눈 30
그대의 비밀 32
시인詩人 34
결구結球 36
자기애愛 38
딱 한 가지 40
눈(雪) 42

여행 44
그대 46
거울 48
마법 50
허무한 일기 52
침묵 54
반딧불이 56
말줄임표 게임 58
절정絶頂 60
딱 한 마디 62
뒷모습과 그림자 64
마음의 집 66
나비의 춤 68
재봉틀의 수다 70
어떤 느낌 72
대류 74
물 76

CONTENTS

빼기 78
유리벽 80
아침 82
사랑 그 이름 84
만족滿足 86
웃음소리 88
참버릇 90
바람이 쓰는 일기 92
기억 모퉁이 94
다시 쓰는 편지 96
흔히 말하는 98
새싹 100
서리꽃 102
등불 든 여인 104
마음호수 106
가벼운 악수 108
김정아우리옷 110

한복 112
부인 114
삼태극 116
새색시 단장 118
아가씨 120
색동저고리 122
치마 124
첩지 126
족두리 128
화관花冠 130
비녀 132
뒤꽂이 134
떨잠 136
댕기 138
노리개 140
매듭 이야기 142
주머니 144

CONTENTS

바지 저고리 146
치마 저고리 148
거들치마와 두루치 150
친정나들이·1 152
친정나들이·2 154
친정나들이·3 156
친정나들이·4 158
울엄마 160
저고리 162
고름 164
소매 166
끝동 168
거들지 170
곁마기 172
해와 달 174
속곳 176

무지기치마 178
목선 180
초복初伏 182
안개초 184
우화羽化 186
연민의 독방 188
입춘入春 190
사진 한 장 192
행운幸運 194
여자의 봄 196
풋굿(백중놀이) 198
황금반지 200
붉은 약속 202
검은 나비 204
푸른 언덕 206

오방색 매듭

마음의 창窓

그대가 숨을 쉰다
세상의 모든 곳이 꽃밭이다
곧
사랑의 힘이다

태양의 신

빛나기 위해 살지 마라
스스로 빛날 수 있도록 노력하라
하늘을 위해 살지 마라
땅을 밟고 걷기 위해 숨쉬어라

그대는 이미 나의 태양이다

분홍물고기

파란 장미가 사는 동네에는
분홍물고기가 많다는 소문이 있지
사랑밥만 먹고 산다는 괴이한 형상이
바다를 혼자 삼킨다는 풍문이 돌지

하늘이 열리고
비와 구름이 한꺼번에 놀러 다닐 때
분홍물고기 비늘이 떨어져 나간
햇살 고운 어느날
꽃으로 피는 인생꼬리표
온 밤을 불태워 영원을 삼키고 있지

붉은 가시

사랑이란 독주에 취하지 못한 영혼
홀로 누워 있을까봐
달이 뜬 바다에 보쌈으로 챙겨간
눈 먼 처용이야기
빛나는 별 하나를 찌른다

선홍빛으로 물든 밤이 앓이를 한 후
바람새를 안고 누운 해를 불러 오면
그녀의 붉은 사랑이 물들어
온 세상 욕정을 가라앉히고 있다

푸른 우물

혼자 앓이는 거두어라
같이 나누는 기쁨만 누려라

오늘 해가 뜨고
내일 달이 뜰 것이다

넘쳐 오르는 열정
조용히 고개 들어
하늘 향해 희망을 날리고 있다

고독한 자유

네 이름을 안고
이름 모를 풀꽃 앞에서
혼자 애써서 이름짓기를 하던
그 쓰라린 기억이
거꾸로 돌아 누운 낫자루마냥
낡고 쓸쓸하다

그럼에도 불구하고
활짝 웃는 네 모습을 보며
소름돋도록 사랑하고 싶다

무드셀라 증후군

모든 기억을 지워라
슬프고 아픈 상처는
대기의 폭발음으로 파괴시켜라

따스한 자기장을 돌리고 있는
맨틀과 핵을 위해
그대가 남긴
가장 아름다운 순간을 선물하라

푸른 그림자

아끼고 싶은 말이 많아지고
숨고 싶은 동굴이 늘어난다는
달갑지 않은 소식을 보낸다
그의 웃음소리도
그녀의 눈물바다도
평화의 바둑판에 갇혀 버린다

때로는 걷고 싶지 않아도
뛰어야 할 형편이 오기도 한다
그때는 갈등없이
사랑 하나로 그림자를 위해
깔끔한 그림 한 장 걸어두려 한다

쉿

움틀움틀
녹슨 창살 사이로
연두빛 꿈이 보인다

그들 사이로
무지개가 뜬다

우리가 할 일은
오로지 숨죽여 지켜볼 일이다

조약돌

얼마나 먼 곳에서
우리님 달려왔을지
그 억겁의 목메임을
온몸으로 돌돌 감고

바람을 읽는 눈

그렇게 살아가겠노라고
삶의 밑줄을 그어두고
다시는 오지 않을 것 같은
그 행복에 눈물 겨워
오롯이 박힌 마음별
그 바람 속에 걸어두고 싶은 날

그대의 비밀

봄처럼
싱그러운 이름 앞에
어느새 물들어 버린
세상 화원의 영원한 애인

시인詩人

가끔 풀숲에 쪼그리고 앉아
지나가는 바람어깨 툭 치며
마음집 놀다가라며
별난 유혹에 빠져버린 영혼

결구結球

속이 찬다는 것은
결국
사랑을 알아간다는 기쁨이다

잠시 그대를 잊어도
그날 그 눈빛은 기억하고 있음을
젖은 꽃잎은 안다

자기애愛

눈부신 햇살을 닮아가는 것

그대라서 안아줄 수 있는 것

사랑이 세상을 움직인다는 것

딱 한 가지

하늘이 비를 뿌리며
천둥과 번개를 보내는 것은
그대의 알 수 없는 마음
그저 잘 이겨내라는 신의 배려

떨어지는 우박 주워
살아내야지 그생각만 약속

눈(雪)

언제이던가
그 눈빛
무수한 말을 놓고
눈물만 흘리던
아파하지 말아라
결코 잊을 수 없나니

여행

마음을 비운다는 것은
있을 수 없는 일이다
텅 빈 창고에도
바람이 불고 새가 날듯이
마음은 늘 가득차고 향기로워야 한다
그 속에서 무엇을 넣고 무엇을 빼야할 지
스스로 챙겨 넣으면 된다
마음은 비우는 것이 아니라
쓰다듬어 가꾸어야 할 정원이다
그래서
오늘의 나는 바람의 애인이 되고픈 것이다

그대

누구나 열어볼 수는 있으나
아무나 가질 수 없는
오묘하고 신비로운 세계

거울

돌아서고 나면
후회되는 일이 있다

더 깊이 헤아리지 못하고
더 멀리 바라보지 못하고
이기심으로 나를 채운 일

그 속좁은 어제의 일기가
미래의 눈물이 되지 않도록
오늘을 느끼고 즐기며 산다

마법

이름없는 숲의 주인이 되어
맘껏 놀 수 있는 특권
다시 만날 수 없을 것 같은
황홀한 순간

허무한 일기

시간이 지나간 후
충치 치료 끝내고 나온 기분처럼
그때를 알게 될거야
성장하기 위해 발버둥친 사랑이였음을

안녕 내 낭만 내 청춘

침묵

그날
산맥을 타고 오는
들짐승들의 숨소리를 들은 자가 있다

그날
구름의 입술을 핥는
날짐승들의 날개를 본 자가 있다

우리의 오늘이
어제의 그림자다

그대 등 뒤에 피는 꽃이
세상을 세우는 지렛대다

쉿, 숨을 잠시만 참아야 한다

반딧불이

생각이라는 것을 위해
생각이라는 집을 짓고
생각이라는 마음을 읽고 나니
어느새 큰 호수 하나 생겨
별들이 반짝거린다

세상에는
귀가 많다

말귀가 통해야 하고
마음귀가 따스해야 하고
사랑귀가 열려 있어야 한다

그 빛나는 길 위에
가장 밝은 목숨이 되고 싶다

말줄임표 게임

지나친 게임은
독이다

지든 이기든
무조건 무승부다

할 말이 너무 많을 때
쓰는 부호가 아니라
근거를 내세울 수 없을 때
비겁한 자들의 암호임을 알아야 한다

오늘의 나는 종일 비겁하다

절정絶頂

꽃봉오리가 오르고
꽃송이로 변하여

열매를 막 물기 시작할 때
부푸른 산모의 젖가슴처럼
세상의 언어가 찬양으로 빛날 때
그때서야 우리는
그 귀한 모습 앞에서 황홀한 패자가 된다

딱 한 마디

그대에게 드리고픈
참 고마운 이름표

행복한 파랑새
그 영혼이 올리는 축배

사.랑.합.니.다
파랑새

뒷모습과 그림자

지구별 이야기 속에 사는 우리는
뒷모습과 그림자를 동시에 갖고 산다

그를 안다고 생각하는 순간
뒷모습을 보게 되고
나를 이해한다고 느끼는 날부터
그림자를 지키게 된다

우리가 어느날 찾게 될
머나먼 행성 어디쯤엔
나를 당기며 붙잡아 줄 영혼이
바로 눈 앞에 있을 수도 있다

스치는 바람어깨가 서늘하다

마음의 집

어디를 찾아 나설까
어디까지 바라볼까
중심축을 사이로 일어나는
야릇한 심리전

나비의 춤

숨쉬는 동안
지켜야 할 약속
그녀의 하얀 어깨가
높은 지붕 위로 날개를 뻗는다
다시 춤출 수 있을까
그녀의 힘없는 웃음을 안고
함께 실컷 울고 나니
무지개 핀 하늘 위로
불새 한 마리 날아 오른다

아름다운 그대 차례다
실오라기 한 점 없는 몸짓으로
자유를 그리며
한껏 춤추어야 한다

재봉틀의 수다

탈탈탈 덜덜덜 더그르륵
깁기 위해 수다를 떨어 본다

다물어지지 않는 모서리 마음
염증수치 가라앉히기 위해
그대를 앞에 두고 오므리는 인생이고 싶다

태어나 지금까지
찢어지기 위해 울어본 적 없다
오로지 붙기 위한 또 하나의 성전性展처럼
그들의 덩치 위로 톱니바퀴는 돌아간다

어떤 느낌

천지가 봄향기로 그득하다
어디 한 번
미치도록 웃어볼까
세상이 와락 안겨 올 것 같다

그대는
늘
내 인생의 덤이다

대류

온도가 높은 곳에서 낮은 쪽으로 흐른다
마음이 따뜻한 인연으로 기울기가 움직인다
무언가를 뭉쳐 놓기 시작하면
떠돌이 물방울은 제자리를 찾고 있다

물

어쩌다 벽에 부딪치면
하늘 위 구름처럼
몽실몽실 꿈방망이 두드리며
하나씩 매듭을 풀어가라 일러주는
현명한 지혜의 소유자

빼기

눈으로 사랑을 보고
귀로 사람을 듣고
코로 호흡을 이끌어
입술로 세상을 격려하는 우리가
반드시 지켜야 할
한 가지 약속이 있다면
나 외의 나를 오롯이 지켜가는 것

유리벽

우주와 나 사이에
그대라는 층이 있어
가볍지도 무겁지도 않은 무게를
매일 측정하며 사는 우리다

물방울 하나로 시작된
아득한 빙하기가
오늘도 눈과 귀를 유혹해
현란한 응답을 요구하고 있다

그렇게 세상은 마셔야 하는 것이다

아침

말도 안되는 말이
밤이 삼키다 만 밤을
엉뚱한 길에서 찾을 때가 있다
딱 그 순간에
아름다운 선율을 들고
펄쩍 뛰어오는 고마운 마음

사랑 그 이름

덩그러니 홀로 남아도
동그라미 안에 가득찬
그사랑을 지키는 목숨
그 눈빛 그 마음
오롯이 읽을 줄 아는 사람
그대라서 몸서리치도록 안아보고 싶다

사랑밥에 바다를 말아
후루룩 마시고 나면
남은 인생에 꽃이 핀다

만족滿足

돌아보니
다
가졌구나

몸과 마음으로 느끼는
바람 한 줌이면

아름다운 바람과 파도를 사랑할 수 있는
가장 비밀스러운 날에
함께 어깨를 나눌 수 있는 영혼

웃음소리

그럼에도 불구하고
웃음꽃이 되어 살아내는
그리하여 기어이
사랑으로 완성되는 영화 한 편

비 내린 후
약속을 지키는 무지개처럼
그대 마음
온통 메운 사랑곳간으로 충분한
놀랍고도 벅찬 인생

참버릇

만지작 만지막
아무리 조물락거려도
토라지지도 않아서
참 사랑스런 너를

자꾸만 만져도
자꾸만 안아도
참 그대로인 너를

하루 종일
함께 있어도
온 종일
누워 있어도

또 보고 싶고
또 만지고 싶은

나의 카메라

바람이 쓰는 일기

그때 만나지 않았더라면
그날 붙들지 않았더라면
다시는 가질 수 없는
크나큰 행운

기억 모퉁이

아버지는 이른 아침
헛기침으로 멋적은 신호를 보내시고
꼴을 베러 나가셨다
아버지는 자주 담배를 입에 물고
비렁이나 논두렁에 앉아
슬픈 하늘을 보셨다
흐린 날 비오는 날
이런 아버지가 곁에 앉아 계신다

아버지는 한 번씩
멋지게 차려 입고 다녀 오신다
검은 봉지에 뭔가를 담아
마루에 뚝 던져 주신다
그런 날은 입주위가 산만했다
허전한 깊음이 그리운 날
이런 아버지가 옆에 붙어 계신다

아버지가

일본 이모네에 다녀온 후
들고 온 카메라
오십 년 앞선 기억이 새록거린다
딸 아홉들을 세워서 혼자서 웃으셨다
우린 모두 호기심천국이고
괴이한 물건 하나로 하루가 신났다
이런 아버지가 카메라 앞에 와 계신다

딸 아홉이 얼마나 예뻤을까
납작한 저 돌 틈 사이 들꽃도
찬란하게 눈이 부시다

다시 쓰는 편지

환하게 웃는 그대처럼
세상배꼽이 춤출 시간
그대 품에 안겨
사랑을 속삭일 순간

꿈이 덜 깬 얼굴로 와도
사랑이 모자란 오늘로 다가와도
희망이 조각난 순간이 와도
그대 이름 하나로 충분하다

흔히 말하는

소확행일까요

여행일기일까요

소소한 일상일까요

살결을 부비며 온도를 높이는 것일까요

마음을 놓고 몸을 맡기는 것일까요

그렇게 이렇게
그런 일도 이런 일도
넘겨지는 달력 속에 가득찹니다

인생의 참맛인가요

새싹

얼마나
아름답고 그윽한 비밀인지
그 땅 속에서
속삭인 황홀한 사랑이라니

참 그대 닮았네

바람결에 날리는
그윽한 삶의 향수
그리고
웃을 수 있는
내 인생의 덤

서리꽃

우리가 아는 한
신비롭고 차갑게 냉철한
아름다운 순간의 꽃 한 송이

결코
미워하는 마음은 없다
마지막 눈물로 읽어주던
그 마음을 깊이 새기며
달밤에 그려지는
그 사랑을 새기려 할 뿐이다

등불 든 여인

혼돈과 은둔의 공통점은
길이 안보인다는 것이다
선택과 집중의 차이점은
길을 찾아야 한다는 것이다

우연이라도
그 여인을 만나거든
쓴소주 마주하고 희망을 읽어야 한다

마음호수

놀랄 선물은 없지만
감동인 하루가 채워진
그 상자를 열면
온통 그대의 미소로
어여쁜 꽃이 핀다

잔잔한 내 가슴에 던진
그대 작은 눈길 하나가
주체할 수 없는 파장이 되고
그대에게로 자꾸만 일렁인다

책장을 넘기다가
빛바랜 은행잎 하나 발견하듯
그대의 웃음소리는
오늘도 뜻밖의 행운이다

가벼운 악수

세상 테두리 안에
사랑이란 핑계를 놓고
그 어떠함에도 흔들릴 수 없는
가장 고독한 행복지수

바람이 사랑을 속삭일 때는
그저 흔들리는 어깨만 보여줍니다
그럴 때 아셔야해요
내사랑을 지키는 중이라고 말하는 것을

김정아우리옷

어릴 적
꽃동산 뛰어다닐 때
노랑나비가 되고 싶었다

어른이 되고 난 후
까닭 모르게 갑갑해질 때
하늘과 바다는 나의 애인이었다

엄마가 되고 보니
하얀 눈물이 친구가 되는 날이 많다

세상과 타협 후
붉은 꿈이 하루를 감싸고 있다

지금 나는
온통
흑색으로 세상을 안고 있다

노랑 파랑 하양 빨강 검정
그 오방색 위에 춤추는
황홀한 여인이 있다

한복

고요한 바다도
남모르는 속앓이가 있고
무서운 태풍도
침묵으로 일관하는 평화가 있다
그대 또한
겹겹이 비밀로 쌓인 꽃잎이 된다

부인

남자의 여자가 되고
아이의 엄마가 되면
옥색과 노란 저고리와 남색 치마

자주색 고름은 남편이 있음이며
남색 끝동은 아들이 있음이라

아직도 씻을 길 없는
야릇한 신경전 속에
마음 채우는 아름다운 이름

삼태극

하늘과 땅 사이
사람이 있나니

그 조화로움이 빛나도다

바람이 있고
햇살이 있고
사랑이 있는

그 평화로움이 찬란하도다

새색시 단장

녹색 저고리와 다홍색 치마
녹·의·홍·상(綠·衣·紅·裳)

신부된 그날 이후
첫아이를 낳기 전까지 입어야 했던 우리옷

때로는 가난한 민간 여인의
한삼 만을 추가한 혼례복이 된 우리옷

그날 밤 일어난 이야기는
월담하여 듣기로

아가씨

복스러운 부끄럼에 물오른 청춘

깃 고름 곁마기는 자주색
노랑 삼회장저리와
다홍색 치마
그녀가 혼례를 하면
활옷 안에 입게 되는 옷이라네

두근거리는 가슴
저 달에게 빌어볼까
배부른 저 보름달
이밤도 입맛만 다시는구나

색동저고리

남자아이 여자아이
그들을 특별하게 만든 날
주인공 되는 옷
오방색 중 흑색은 두고 만들어
액厄을 피하고
복만이 가득하기를 기원하는 때때옷
참 어여쁜 우리옷

치마

열 두 폭 치마는 밑단둘레가 4m 내외
그 속에 펼쳐진 세계는
장난꾸러기 아이들의 상상만큼 화려하다

돌돌 감아 올리는 덩쿨장미의 유혹이
저 담장 불빛에 황홀하다

오늘밤은 점잖은 수다는 걷고
소리없이 치마폭에서 죽기로 하자

첩지

여인을 더 빛나게 하는 장식품
족두리나 화관을 고정하는 역할

받침대와 다리와 없으면
얹어지지도 못하는 삶

왕후가 사용한 금 입힌 용첩지
비빈이 사용한 은 입힌 봉황첩지
상궁은 은제, 정경부인은 금 입힌 개구리첩지
상을 당하면 썼던 흑각 개구리첩지

첩이라는 글자는 참 첩첩산중이다

족두리

조선시대 부녀자의 애장용 머리 장식
족아 족관이라고도 부르지요

가체로 인한 사치와 폐단을 막기 위해
영조는 족두리를 쓰게 했다죠
가체 금지령 소름 돋는데

그러나 불행은
사치를 막으려다
온갖 장식 달아서 애꿎은 서민만
혼례식에 겨우 착용했다죠

화관花冠

말을 말아라
거들지도 말아라

각양각색 그 형태가
여인을 꽃으로 피게 하네

봉황과 나비도 떨새에 달려 흔들리고
금박으로 꽃무늬 문자무늬 장식하고
목숨 수 장수기원 축복하네

그저그저
한 송이 꽃으로 피어나는

비녀

쪽 지어 가만히 있게 하는 머리 장식

백동버섯비녀 은민비녀
비취민비녀 도금민비녀
은파란민비녀 도금호도비녀
산호매화비녀 은파란매죽비녀
도금용비녀 도금봉황비녀

이름으로 이자리 저자리
모서리마다 각진 삶 앉아 있네

뒤꽂이

뒷모습이 아름답기 그지 없어라
빗치개 귀이개로 쓰이는
고마운 뒷일

빗치개뒤꽂이
귀이개뒤꽂이
연봉뒤꽂이
화접뒤꽂이
국화형뒤꽂이
화형뒤꽂이

떨잠

큰머리나 어여머리를 할 때
머리 중심과 좌우에 꽂던 머리장식

옥판 위에 단 떨들이 움직여
떨려 떨려서 생긴 이름

나비 모양의 선봉잠
은사나 금사를 꼬아 만든 떨
나비나 꽃 새모양을 붙인 떨새

오 신비하여라
그 황홀경

댕기

천으로 만든 머리 장식

제비부리댕기 쪽댕기
도투락댕기 말뚝댕기
배씨댕기 도투락댕기
드림댕기 고이댕기

저 긴 천조각 하나에도
숨어있는 슬기란

노리개

매듭을 엮어 만든 장식물

띠돈매듭
주체매듭
술
순서로 완성된 하나

비취향집 노리개
은파란 침통노리개
나비 향낭 노리개
바늘집 노리개
괴불 노리개

여인의 설렘은
여기서부터다

매듭 이야기

가장 기초적인 도래매듭
마음을 하나로 묶는다는 동심결매듭
그 외는
모양따라 각가지 이름 붙었네

인연의 끈도
여기서 시작하여
그렇게 끝이 난다데

주머니

몰래 주고 싶은 마음
들키지 않으려고
우주 귓속말도 쉿

두루주머니와 귀주머니

오늘은
한 가득
사랑을 채워 그대에게 건네리

바지 저고리

동정
깃
진동
고름
배래
섶
도련
끝동
바지배래
바지부리
대님

귀밑머리카락을
망건 속에 야무지게 넣은
깔끔한 사내
바람 보쌈하러 나서네

치마 저고리

동정
깃
진동
섶
곁마기
도련
배래
속고름
고름
단
바지/단속곳/너른바지

동백기름으로
한 올 머리카락까지 정돈한
얌전한 여인의 뒤태는
어느새 바람이 차지하고

거들치마와 두루치

코머리에 짧은 고름
단색의 저고리에
허리까지 집어올린 치마
복숭아로 물든 손톱마저 어여쁘다

머릿수건 둘러매고
물 긷고 돌아오는 길
흘러내리는 치맛자락에
살짝 내비치는 저 살결 고와라

친정나들이·1

밤마다 달을 안고
어머니 품 속을 헤매다
식은땀 한 줄기에 놀라
선잠이 깰 때
그 허무하고 서글픈 지난 날이
오롯이 위로되는 날

친정나들이·2

엄마생각에
사계절이 겨울이더니
딸생각에
사계절이 봄이라던
어머니, 당신 사랑이
지천명 이르니 절절합니다

친정나들이·3

간밤엔
흰 눈이 소복이 내려
지붕을 하얗게 덮는 꿈을 꾸었습니다

그리고
무지개가 피더니
당신이 웃습니다

버선코에
날개가 돋칩니다

친정나들이·4

여자는
두 번 태어난다

한 번은 어머니의 품에서

또
한 번은 세상의 품에서

울엄마

꽃가마 한 번 타 보는 것이 소원이였다는 울엄마
보쌈당하듯 시집와 버린 울엄마
연지곤지 고운 피부 꽈리처럼 말라버린 울엄마
새벽별 연애하며 세월 속에 먹혀버린 울엄마
한량같은 아비 곁에 바람되어 살아온 울엄마
군불로 아랫목 데우며 눈물 삼키신 울엄마
오늘도 아리랑 곡조에 삶을 엮는 울엄마

저고리

동정과 깃
끝동 소매 길
섶 배래 도련
화장 고대 곁마기 안고름
안섶

그 이름 하나하나 새기니
인생의 강

고름

손길 하나에
심장을 맡겨 두고

마음 하나로
세상을 던져 두고

소매

통수와 착수로 나뉘는
평면재단의 우리옷은
저고리를 입으면
옷깃부터 팔자 주름이 생기고
어깨선은 자연스레 곡선이 그려진다네
동글동글 세상사 닮지 않았나

끝동

저고리 소맷부리
남의 집 천조각

너비에 따라
색깔이 입혀지는
여인들 마음속 닮은

거들지

당의나 삼회장저고리의 소맷부리에 덧다는 흰 천
사대부의 부녀자만 달 수 있었던 것
궁중의 평상복인 당의는
꼭 거들지가 달려 있다

가끔
할 말이 많아지거든
입술에 거들지를 챙길 일

곁마기

신분을 드러내는 수단

곁마기 끝동 깃 고름에 다른 색을 단
삼회장저고리는 사대부 부녀자들의 몫

끝동 깃 고름만 색이 다른
반회장저고리는 일반 부녀자

한 가지 색으로만 만든 저고리인
민저고리는 서민의 것

어쨌거나
아리송한 계급사회의 넋두리

해와 달

그녀는 해
그는 달

달은 파수꾼
해는 누리꾼

끌고 가고
끌려 가고

사계절 사립문이
해와 달의 사랑에 빠지면

우리의 깊은 마음도
인생늪에 흠뻑 젖어드는 것

속곳

한복 속의 신비로운 세계

허리띠 다리속곳 속속곳
속적삼 밑 터진 고쟁이
양 가랑이가 넓고 밑이 막힌 단속곳

너른바지 대슘치마 무지기치마

참 숨막히게 둘러싸인
이 알레고리

무지기치마

12폭의 길이가 서로 다른 치마를 겹쳐 달아
층이 생기도록 한 속치마

각 단에 무지개색 덧입혀
무지기치마라 칭하네

그대 걷는 길 위에
무지기치마 두르고
마음집 찾아 나서네

목선

기억나지도 않는 꿈길을
밤새 걸었고
지나간 인연줄에 감겨
목 아프게 들리지 않는 메아리를 느꼈다

조금씩 고개 끄덕여지고
가끔 하늘을 보며 울컥해지는
그 마음이 이제야 온다

나만 바라보고
나만 생각하던 그 노래가
아침저녁으로 새소리처럼 선명하다

그 목선을 따라
그리움이 온 몸을 감싼다
한 번도 진심을 담지 못한 말
사랑합니다
그 눈길에 쏟아놓고 온다

초복初伏

일 년의 허리춤을 쥐고
산천의 싱싱한 빛깔을 안고
마음을 열어 노래하게 되는 날
특별하게 다가오는
그대 싱그러운 미소가
하루의 다림질 속에 반듯해진다

안개초

어쩌다 그대와 마주치면
또 놀란 가슴을 내려 놓고
싱거운 웃음 건네주면서
말 못할 그리운 흔적만
살며시 내려 놓고 오겠지

우화羽化

차라리 벙어리가 되어야 한다
짙은 태양의 고뇌를 부르짖는
저 환희의 몸부림
그 앞에서 기죽은 사랑
작고 큰 파도쯤은 아무것도 아니다

견디며 이기는 법을 깨닫지 말자
숙명이나 운명으로 나누지 말자
울어야 하니까
웃어야 하니까
살아내는 귀한 날갯짓에 조용해지자

연민의 독방

마른 입술로
또 아버지가 다녀가신다
꽃치마를 입고
또 어머니가 놀고 계신다
흐릿한 안개 속에
삶이 자꾸만 내리지 않는
화火로 다가오면
밤마다 달을 삼키며
배부른 진돗개처럼 하늘 위로 소리를 올린다

실컷 울고 나니
마치 가려운 두피를 씻은 듯
명치 끝이 시원하다

입꼬리에 눈꼬리에
웃음과 눈물이 뒤섞인 인연덩이를
생각하고 또 생각해본다

입춘入春

사람이 사랑을 알기 시작할 때
심장과 입술은 꽃이 되고
눈과 귀는 꽃술이 된다

계절이 시작을 알리기 시작할 때
순간은 영원이 되고
하루는 인생이 된다

사진 한 장

가끔 우리는
벙어리가 아닌데도
눈을 가리고
입으로 글을 쓸 때가 있다
어둠의 날개가 비에 젖으면
그때서야 땅으로 기어들어가는
긴 한숨으로 사랑을 그리워한다

그런 사진 한 장쯤은
마음으로 찍어놓고
떠날 수 있기를 갈망한다

행운幸運

마주보고 오래 있으면
마음 하나에
꽃등이 켜지고
미소 한 줌에
꽃밥이 먹고 싶어지는 일

별밤이 옆구리를 찔러
찾아나선 꽃길 인생에
염치없이 낮달이 주워 버린
참 묘한 사랑 한 다발

여자의 봄

하늘과 바람이 사랑을 하면
햇살과 바다는
하루 종일 그들을 위해
무지개다리를 놓기 위해
소금꽃을 피운다

바람이 핥고 지나간 자리마다
꽃봉오리가 맺히고
파도가 점 찍고 간 바다는
바알갛게 달아오른 부끄러운 색시마냥
설렘으로 가득한 신방 앞을 기웃거린다

먼 옛날 동굴 속 알몸들이 속삭이듯
어쩌면 우리는 모두
가장 아름다운 그날을 위해
뜨거운 몸을 나누고 싶어하는지 모를 일이다

풋굿(백중놀이)

그대를 위해 밥상을 준비하는 동안
그 무수한 말과 행동이
씨앗을 뿌린 후
조용히 내려앉을 인생 뿌리를 위하여
온 마음을 다하여 기도합니다

젖은 새의 날개가 마를 수 있도록
가장 적당한 햇살과 마음을
또한
그 사랑을 내게 주소서

황금반지

흙으로 빚어진 것들은
우주의 중심
그 중앙을 지키는 귀한 목숨

황금들판이 익어갈 때
노오란 해바라기도
익숙한 기다림에 홀로 웃는다

금박으로 둘러친
어느나라 임금의 허리춤엔
화살촉도 덤빌 수 없는 약속이 그려진다

붉은 약속

꽃피는 남쪽에서
불로 오시는 님이시여

피끓는 청춘으로
용암처럼 치솟는 꿈의 성전을 들고
세상의 숨은 비밀
샅샅이 풀어 헤쳐
옷고름 여미는 삶을 토닥거려 주소서

검은 나비

눈으로 보이는 모든 색깔을
하나로 삼켜 버린 날개짓

물처럼 말없이 흐르고 흘러
북쪽 너머 지혜의 강에 닿으면
매듭에 달린 고운 그 사랑
멀리멀리 향기 품고 날아가리

푸른 언덕

나무 한 그루
봄을 안고 서 있다

대지의 입술을 유혹하듯
시간의 바퀴가 돌고 있다

동쪽에서 불어오는 바람결에
그대와 내가 누워 있다

저 언덕에서 바람 타고 만나자